DAVID GROSSMAN

FRIEDEN IST DIE EINZIGE OPTION

Aus dem Hebräischen
von Anne Birkenhauer
und Helene Seidler

Hanser

Das Zitat auf S. 59 f. stammt aus: *Das denkende Herz der Baracke. Die Tagebücher von Etty Hillesum 1941–1943*, herausgegeben von J. G. Gaarlandt, aus dem Niederländischen von Maria Csollány, © Verlag Herder GmbH, Freiburg im Breisgau 2022.

3. Auflage 2024

ISBN 978-3-446-28156-1
© David Grossman
Alle Rechte der deutschen Ausgabe
© 2024 Carl Hanser Verlag GmbH & Co. KG, München
Umschlag: Anzinger & Rasp, München
Satz: Sandra Hacke, Dachau
Druck und Bindung: Friedrich Pustet, Regensburg
Printed in Germany

MIX
Papier | Fördert
gute Waldnutzung
FSC
www.fsc.org
FSC® C014889

INHALT

AUS DER REDE ANLÄSSLICH DER MÜNCHNER SICHERHEITSKONFERENZ

am 16.02.2017

Die Israelis und die Palästinenser bekämpfen sich nun schon seit mehr als hundert Jahren. Man muss nicht Kassandra sein, um zu sehen und vorherzusagen, welche Zerstörung dieser Konflikt über beide Seiten gebracht hat und noch bringen wird. Die ununterbrochene blutige Auseinandersetzung hat die Beteiligten dermaßen deformiert, dass sie ihren eigenen existenziellen Interessen zuwiderhandeln. Ein von Hass, Angst und Misstrauen geprägtes Leben beengt die Seele und das Denken – und lässt die Fähigkeit verkümmern, sich aus der Falle zu retten. Wir dort unten führen kein Leben im echten Wortsinn, es ist vielmehr ein verzweifeltes Überleben von einer Katastrophe zur nächsten, von einem Krieg zum anderen. Der Verlust der Hoffnung hat bei israelischen und palästinensischen Bürgern gleichermaßen zu Apathie und Lähmung geführt. Beide Bevölkerungen sind zu Rohstoff in den Händen fanatischer religiöser und nationalistischer Manipulatoren geworden, die extreme totalitäre Absichten hegen.

In den besetzten Gebieten entsteht derzeit eine Realität, die keine Basis für friedliche Beziehungen bietet und die sich nur unter immensen Schwierigkeiten wieder rückgängig machen lässt. Diese Jahre sind vielleicht die letzten, in denen es noch möglich erscheint, ein Abkommen auszuhandeln, das beiden Seiten Sicherheit, Souveränität und Frieden beschert. Die Lage wird von Tag zu Tag explosiver. In der zurzeit vor Ort herrschenden Wirklichkeit werden die Palästinenser niemals eine volle Unabhängigkeit erlangen, und der Staat Israel ist dabei, eigenhändig das Wunder zu zerstören, dem er sein Entstehen als Heimstatt des jüdischen Volkes und als Demokratie verdankt.

Wir brauchen Ihre Hilfe. Wir, die Israelis und die Palästinenser, die in Frieden leben wollen, die gegen Besatzung und Terror sind, die Gewalt jeder Art verabscheuen und die noch an die einzige logische Lösung, die Zweistaatenlösung, glauben, wir appellieren an alle rationalen und dialogbereiten Kräfte in den arabischen Staaten und in den Ländern der ganzen Welt: Wenn Ihnen Frieden und Sicherheit wichtig sind, dann unternehmen Sie etwas, um Israel und die Palästinenser aus dem Kreislauf der Selbstzerstörung zu erretten.

Natürlich warten wir alle auf die politischen Schritte Donald Trumps. Möglicherweise wird er uns überraschen. Sein Treffen mit Netanjahu in der vergangenen Woche ließ allerdings erkennen, wie unglaublich wenig er von der Komplexität und Tiefe dieses Konflikts versteht.

Sollte Herr Trump nicht auf einen echten und für beide Seiten schmerzhaften Kompromiss hinarbeiten, dann ist Europa an der Reihe einzugreifen. Nicht mit einem Boykott Israels, der den Standpunkt des Staates nur erhärten und noch mehr gemäßigte Israelis der extremen Rechten zutreiben würde. Nein. Die Lösung muss durch einen direkten Dialog der beiden Seiten, durch internationalen Beistand und, was nicht weniger wichtig ist, mit *Unterstützung der arabischen Staaten* erreicht werden.

Ich bitte Sie, alles zu tun, was in Ihren Kräften steht, um die beiden Seiten zusammenzubringen und den Dialog zu erneuern, dem beide schon seit Jahren mit der seltsamen Logik der Selbstzerstörung aus dem Weg gehen. Es stehen zahlreiche Hebel zur Verfügung, die Sie beiden Seiten gegenüber ansetzen können. Sehen Sie nicht tatenlos zu, wie diese beiden Völker in den Selbstmord driften. Werden Sie aktiv und kreativ. Zeigen Sie Empathie angesichts der Ängste beider und angesichts des Leids, das über beide gekommen ist. Identifizieren Sie sich mit beiden, aber lassen Sie sich von beider Verzweiflung nicht lähmen. Helfen Sie ihnen, sich vor sich selbst zu retten.

Letzten Endes liegt die Beendigung des israelisch-arabischen Konflikts im Interesse aller rationalen, nicht-fanatischen Kräfte der Welt. Die gemäßigten Staaten des Nahen Ostens haben sogar ein existenzielles Interesse an seiner Beilegung, denn sie wissen sehr wohl, dass dieser Konflikt ihre Stabilität bedroht und untergräbt. Die großen Linien, wie der Streit enden kann, sind bereits seit Längerem bekannt. Sie berücksichtigen die Zugeständnisse, die jede Seite maximal zu machen in der Lage ist. Da die Lösung also quasi bereitliegt, bleibt nur eine Frage: Wie viel Blut muss noch vergossen werden, bis wir einsehen, dass der Frieden unsere einzige Option ist?

Aus dem Hebräischen von Helene Seidler

TROTZ ALLEM

Rede anlässlich der Demonstration auf dem
Habima-Platz am 22.05.2021 in Tel Aviv

*Im Zuge der Operation »Guardian of the Walls« im
Mai 2021 gab es nicht nur schwere kriegerische Auseinandersetzungen zwischen Israel und dem Gazastreifen;
auch im israelischen Kernland kam es in verschiedenen
Städten zu massiven Ausschreitungen zwischen Arabern
und Juden.*

Erev tov, Massa al-chejr,
meine Worte heute Abend widme ich den Kindern in
den Ortschaften an der Grenze zum Gazastreifen und
den Kindern im Gazastreifen; allen Kindern, die diesen letzten Krieg am eigenen Leib und an der eigenen
Seele erlebt haben. Der Furor aller Kriegsparteien, ihren
Sieg der anderen Seite »ins Bewusstsein einzubrennen«,
hat zu Tausenden kleiner Niederlagen geführt. Eine
ganze Generation von Kindern in Gaza und Aschkelon
wird vermutlich mit dem Trauma von Raketenbeschuss,
Bombardierungen und Alarmsirenen aufwachsen und
leben.

Ihr, die Kinder, seid diejenigen, in deren Köpfe dieser Schrecken eingebrannt wurde, und ich verspüre das

Bedürfnis, mich bei euch zu entschuldigen, dass wir es nicht vermochten, eine bessere, eine lebensfreundliche Umwelt für euch zu schaffen, so wie jedes Kind auf der Welt sie verdient hat.

Liebe Freundinnen und Freunde,
der letzte Krieg zeigt wieder einmal, wie sehr beide Seiten, Israel und die Hamas, in dem todbringenden Teufelskreis, den sie sich selbst geschaffen haben, gefangen sind, wie sie schon Jahrzehnte hindurch einem gleichsam automatischen Mechanismus folgen, ihre Aktionen immer nur wiederholen können, und nur jedes Mal mit noch stärkerer Kraft.

Noch ein Raketenhagel, noch eine Bombardierung, ein Raketenhagel und ein Luftangriff, Qassam-Raketen, Iron Dome, Alarmsirenen. Und wieder dieses uns wohlbekannte rhythmische Stampfen, das anschwillt, sich selbst befeuert und die Urteilskraft vernebelt. Und dann kommt der Moment, wo klar ist, dass der Krieg erreicht hat, was er erreichen kann, und alle in Israel und in Gaza wissen es, aber sie können nicht aufhören, es ist unmöglich aufzuhören, so als sei diese Kraft nicht mehr das Mittel, sondern der Zweck. Und der gewaltige Kolben stampft immer weiter, und in Beer Schewa und in Gaza zittern die Kinder vor Angst, und in den Fernsehstudios sitzen kundige Kommentatoren und überhäufen uns mit Lob und malen die Gesichter des Feindes schwarz, und wir, die Geiseln dieser verschiedenen Extremisten, sitzen fassungslos da und sehen, wie Menschen zu Zielen der sogenannten »Kriegsziele-Bank« erklärt werden, wie Mütter versuchen, auf der Straße mit dem eigenen Körper ihre Kinder zu schützen, und vielstöckige Gebäude wie Kartenhäuser zusammenfallen und ganze Familien einfach verschwinden. Und das alles kann ewig so weitergehen – dieser Mechanismus hat keinen Modus, sich selbst abzuschalten – es sei denn, Joe Biden schnipst mit dem Finger, und wir erwachen aus dieser hypnotischen Verzauberung, aus dem Bann der Gewalt, schauen uns um und fragen: Was geschieht hier? Was ist hier *schon wieder* passiert? Warum haben wir erneut den Eindruck, dass wir wieder einmal von den extremen Seiten in diesem Konflikt manipuliert wurden? Und wie ist es möglich, dass, nachdem Millionen von Menschen in Gaza und in Israel die Hölle erlebt haben, doch alles ziemlich beim Alten geblieben ist?

Vor allem frage ich mich wieder, wie es kommt, dass mein Land, ein Staat mit so viel Kreativität, Erfindungsgabe und Mut, schon über hundert Jahre die Mühlräder dieses Konflikts dreht und nicht dazu in der Lage ist, seine gewaltige militärische Macht zu einem solchen Hebel umzubauen, dass er die Wirklichkeit verändert und uns vom Fluch zyklisch wiederkehrender Kriege befreit? Uns einen neuen Weg zeigt.

Stimmt, es ist einfacher Krieg zu machen als Frieden. In unserer Realität wird Krieg im Grunde immer nur *fortgesetzt*, während Frieden schwierige und komplexe seelische Vorgänge erfordern würde, einen Prozess, den Völker, die fast nur daran gewöhnt sind zu kämpfen, als bedrohlich empfinden.

Wir, die Israelis, weigern uns immer noch einzusehen, dass die Zeit vorbei ist, in der unsere Kraft eine Realität diktieren konnte, die uns und nur uns genehm ist, ganz nach unseren Bedürfnissen und Interessen.

Wird dieser letzte Krieg es uns endlich beibringen, dass aus einer bestimmten Perspektive unsere militärische Macht fast nicht mehr relevant ist? Dass, egal wie groß und massiv das Schwert ist, das wir ziehen, letztlich jedes Schwert ein zweischneidiges Schwert ist?

Der gegenwärtige Krieg ist zu Ende, und die brennende Frage jetzt ist, was innerhalb Israels, im Verhältnis von Juden und Arabern passieren wird.

Was auf den Straßen im Land geschehen ist, war absolut fürchterlich. Es ist mit nichts zu rechtfertigen. Menschen zu lynchen, nur, weil sie eben Juden oder Araber sind, ist die niedrigste Stufe von Hass und Grausamkeit. Die Opfer wurden entmenschlicht, ermordet. Die Mörder wurden in diesem Moment zu Bestien.

Aber jetzt, da die Gemüter abgekühlt sind, da das Rechtswesen endlich beginnt, die Täter vor Gericht zu bringen, kann man darüber sprechen, was passiert ist, kann man versuchen zu verstehen, was dabei in beiden Gesellschaften offenbar wurde, und wo die Wurzeln dafür liegen. Das müssen wir verstehen, denn davon hängt unsere Zukunft ab, die Zukunft von Juden und Arabern.

In Israel wird es schon bald einen fünften Wahlkampf geben. Die Ereignisse des Monats Mai, das Ausmaß des Hasses, der dabei zwischen Arabern und Juden aufbrach, werden einen zentralen Platz darin einnehmen.

Es ist nicht schwer sich vorzustellen, wie Politiker Angst und Sorge in die Bahnen von Rassismus und Rachgier umlenken. Die niedersten Triebe, die in der israelischen Realität aufgebrochen sind, werden das Brennmaterial für den kommenden Wahlkampf liefern, und die Aufwiegler werden es leichter haben denn je.

Wir alle, so scheint mir, wissen, wer davon profitieren wird. Wir alle wissen auch, wie die Realität hier aussehen wird, wenn die nationalistischen Extremisten die Gesetze bestimmen werden.

Aus diesem Grund findet der echte Kampf heute nicht zwischen Arabern und Juden statt, sondern auf beiden Seiten zwischen jenen, die danach streben, in Frieden und in einer fairen Partnerschaft zusammenzuleben, und denen, die sich seelisch und ideologisch von Hass und Gewalt nähren.

Möge es uns – denen, die sich weigern, Kollaborateure der Verzweiflung zu sein – gelingen, die gesunden Kräfte in beiden Gesellschaften von Neuem zu etablieren und zu stärken. Damit, wenn noch mal so eine mörderische Welle der Gewalt ausbrechen sollte, und ich fürchte, dass das alle paar Jahre wieder passieren kann, wir uns ihr dann erwachsen und wachen Auges entgegenstellen können, eine Haltung, die sich bereits in diesen Tagen in vielen großartigen Begegnungen, Gesprächen und Initiativen abzeichnet. So wie wir, die hier Versammelten, es heute mit unserer Entschlossenheit, mit unserem Festhalten an der Idee des Friedens, der Gleichberechtigung und einer fairen Partnerschaft beider Völker beweisen, mit unserem »Trotz allem«, das in diesen finsteren Tagen eine Quelle großer Hoffnung ist. Einer Hoffnung, die uns die Chance gibt, dass wir den schwierigen und mühevollen Weg finden, den wir fast verloren haben, um hier gemeinsam in voller Gleichberechtigung und in Frieden zu leben, Araber, Juden – Menschen.

Aus dem Hebräischen von Anne Birkenhauer

DIE LAGE –
NACH DER ANKÜNDIGUNG DER
JUSTIZREFORM IN ISRAEL

Eine Momentaufnahme am 20.03.2023

Israel befindet sich heute in einer der schwersten Krisen, die das Land je kannte. Selbst nach dem Attentat auf Ministerpräsident Jitzchak Rabin zeigte sich die Gefahr für den Staat nicht so greifbar wie jetzt. Damals, im November 1995, war klar, dass ein neuer Ministerpräsident in einem geordneten legalen Verfahren eingesetzt würde.

Jetzt ist die Situation eine andere: Drei Personen, die extremistischsten und nationalistischsten im israelischen Parlament – Yariv Levin, der Justizminister, Simcha Rothman, der Vorsitzende des Ausschusses für Verfassung, Grundgesetze und Rechtswesen, und Benjamin Netanjahu, der beinah allmächtige Ministerpräsident Israels – arbeiten mit aller Kraft und skrupellos daran, das bestehende Rechtssystem, von dem sie behaupten, es diskriminiere sie und repräsentiere nicht ihre Weltanschauung und Werte, durch ein neues zu ersetzen.

Juristisch gesehen dürfen sie das. Die Parteien, die die Regierungskoalition bilden, haben bei der letzten Wahl in der 120-köpfigen Knesset eine Mehrheit von vier Sitzen errungen. Aber sie betreiben ihr Vorhaben in einem einseitigen, aggressiven gesetzgeberischen Schnellverfahren, wie man es in Israel noch nie erlebt hat. Es geht ihnen nicht um Änderungen im bestehenden Rechtssystem, sondern um einen kompletten Austausch seiner DNA.

Sollten die Initiatoren der sogenannten Justizreform diesen Prozess der Gesetzgebung zu Ende bringen, würde dies das Ende des Rechtswesens in Israel bedeuten. Die Judikative wäre von da an dem Parlament und der Regierung untergeordnet. Und schlimmer noch, neue Richter würden nach diesem Vorschlag nun von Politikern ernannt. Schwer vorstellbar, dass diese Richter sich nicht denen verpflichtet fühlen, die sie in ihre Ämter gehoben haben. Mit anderen Worten: Das Gesetz wird die israelischen Bürger nicht mehr vor der Willkür der Machthabenden schützen können.

Auch die anderen wesentlichen Veränderungen, die von dem herrühren, was wir in Israel den »Umsturz des Justizsystems« nennen, kann man in einem einzigen deprimierenden und erschreckenden Satz zusammenfassen: Wenn dieses komplette Programm durchkommt, wird Israel aufhören, eine Demokratie zu sein und eine Regierungsform haben, die unter bestimmten Bedingungen zu einer Diktatur verkommen kann.

Und es gibt noch einen weiteren Aspekt, denn der Agierende ist ein Ministerpräsident, Benjamin Netanjahu, der in einem Strafverfahren wegen Betrug, Un-

treue und Bestechlichkeit angeklagt ist. Dieser Ministerpräsident ist bereit und fähig, alles in seiner Macht
Stehende zu unternehmen, um das gesamte Rechtswesen zu verändern und so einer Haftstrafe zu entgehen.
Dafür hat er eine Koalition mit den messianischen, ge-
walttätigsten und zum Teil sogar kriminellen Elemen-
ten der israelischen Gesellschaft gebildet und einige der
wichtigsten, sensibelsten Geschäftsbereiche der Regierung in ihre Hände gelegt. Hat dieser Mann überhaupt
keine Hemmungen?

Netanjahu argumentiert, sein Sieg bei den letzten
Wahlen, mit einem Vorsprung von 30 000 Stimmen,
gebe ihm das Recht, diese »Reform« durchzuführen.
Wie gesagt, formell gesehen stimmt das. Aber ein so ex-
tremes Handlungsprogramm, das gewaltige Auswir-
kungen auf alle Lebensbereiche der Staatsbürger haben
wird, kann nicht in einer Blitzaktion verabschiedet werden. Nicht dafür haben die Israelis bei den Wahlen ge-
stimmt.

De facto wird hier eine Realität geschaffen, in der
der Herrscher – in diesem Fall Netanjahu – willkürliche
Entscheidungen treffen und dabei den Willen, die Werte und die Interessen der Hälfte des Volkes völlig ignorieren kann.

Jeder Israeli ist Teil dieser oder jener Minderheit. Jeder und jede von uns kann Opfer der Willkür dieses
oder jenes Gesetzes werden, Opfer von institutioneller
Diskriminierung aufgrund ihres Geschlechts, ihrer Ras-

se, ihres Glaubens, ihrer Nationalität oder ihrer sexuellen Neigungen. Unter anderem deshalb gehen Hunderttausende jede Woche gegen den Umsturz des Justizsystems auf die Straße. Die Demonstranten fordern den Stopp dieser antidemokratischen Gesetzgebung und den Beginn eines fairen und ernsthaften Dialogs über Israels künftiges Rechtswesen. Bis zu dem Moment, in dem ich diese Zeilen schreibe, weigern sich Netanjahu und seine Leute, die Dampfwalze ihrer Gesetzgebung auch nur für einen Moment zu stoppen, und so machen auch die Demonstranten unbeirrt weiter. Im Rahmen ihrer Protestaktionen blockieren sie Autobahnen, füllen zu Zehntausenden die Plätze, stören und behindern die tägliche Routine. Das ganze Land steckt im Chaos. Überall herrschen Angst und Sorge.

Die kommenden Tage werden über Israels Schicksal, über Israels Zukunft entscheiden. Und sollte auch nur ein Schuss fallen, was auf keinen Fall passieren darf, wären wir sofort in einem ganz anderen Drama. Wenn die Menschen beider Lager anfangen würden, das Gesetz oder besser gesagt, die Gesetzlosigkeit in die eigene Hand zu nehmen, wäre das eine neue, noch entsetzlichere Realität als die, in der wir uns gerade befinden.

Aber auch wenn dieses Horrorszenario nicht eintrifft, lernt Israel im Moment eine tragische Lektion über sich selbst.

Womit anfangen? Vielleicht mit dem Staunen darüber, wie schnell die Mehrheit der Israelis ihr existenzielles Gefühl von Macht und Sicherheit verloren hat, ein Gefühl, das so solide und deshalb beinahe schon arrogant wirkte und plötzlich in einen schwindelnden Abgrund von Schwäche stürzt, in ein Gefühl der Bürger, dass ihre nationale Heimstätte und schon bald vielleicht auch ihr privates Haus in Flammen stehen kann.

In allen Radio- und Fernsehstudios sitzen Propheten, die einen Bürgerkrieg voraussagen. Vertreter der Rechten greifen Demonstranten mit Schlägen, Tränengas und sogar mit Blendgranaten an. Es gab schon Versuche, Protestierende zu überfahren. Das Reden vom »Blut auf den Straßen« und der »Zerstörung des dritten Tempels« liegt in der Luft; traumatische historische Erinnerungen lassen einem das Herz stocken.

Kann ein Außenstehender diesen plötzlichen Umschwung verstehen – von dem Gefühl gewaltiger Macht zu einem Gefühl der Zerbrechlichkeit und Angst, das auf einen Schlag dem ganzen Volk den Atem nimmt? Ohne diesen Mechanismus in der nationalen Seele zu begreifen, kann man, so scheint mir, den »israelischen Menschen« nicht entschlüsseln.

Vielleicht ist die heutige Geschichte der israelischen Identität das Zusammenbrechen einer Illusion, die von allen Staatsmännern mühsam genährt wurde. Der Illusion unserer fabelhaften Einheit, nach der wir mit all unserer Kraft streben müssen.

Jetzt, wo die Risse in der Gesellschaft deutlich werden, zeigt sich, wie brüchig und verlogen diese Einheit ist, wie feindlich sich ihre Mitglieder mit ihren jeweiligen Anschauungen und Interessen gegenüberstehen.

Denn wie soll echte Einheit zwischen Teilen des Volkes möglich sein, wenn sie die jeweils anderen Teile als existenzielle Gefahr empfinden? Wie soll Einheit möglich sein, wenn diese zivilen und nationalen Fragen von Israelis noch nie seelisch durchgearbeitet wurden und sich die Leute noch nie ehrlich und mutig der Wut, der Feindschaft und den Verletzungen stellten, die sie gegeneinander in einem solchen Maße angesammelt haben, dass das Reden über eine Teilung des Landes in »Israel« und »Juda« wie zur biblischen Zeit der Könige und Richter bereits erwägenswert scheint.

Wie soll »Einheit« zum Beispiel möglich sein zwischen Hunderttausenden von Siedlern, die beträchtliche Teile der Westbank besetzen, Gebiete, die sie als »Erbbesitz der Väter« betrachten, der für sie in der Bibel vertraglich festgeschrieben steht, und solchen, die in eben diesen Siedlern den zentralen Faktor sehen, der jegliche Friedensabkommen zwischen Israel und den Palästinensern verhindert, und damit den Hauptgrund dafür, dass ihre Zukunft und die ihrer Kinder existenziell gefährdet ist?

Und wie soll Einheit oder zumindest eine faire Partnerschaft funktionieren zwischen Zehntausenden ultraorthodoxer Juden, die sich weigern, ihre Söhne zum Militärdienst zu schicken, weil sie glauben, dass sie gerade mit dem Gebet und Tora-Studium ihrer Söhne die Weiterexistenz des jüdischen Volkes sichern, und jenen anderen, die samt ihren Söhnen und Töchtern einen dreijährigen Militärdienst leisten und dabei manchmal auch ihr Leben für den Staat opfern?

All die Jahre seit der Errichtung des Staates stimmt die Mehrheit der Israelis einer völlig verschrobenen Regelung zu, der zufolge sich die Religion wie eine Schlingpflanze um die Politik windet, sich von ihr nährt und den übrigen Israelis eine Lebensweise aufzwingt, die ihnen fremd ist. Ist das, was in diesen Tagen passiert, vielleicht im Bewusstsein der Menschen hier der erste Schritt hin zu einer Trennung von Religion und Staat?

Und es gibt noch mehr Probleme, wunde Punkte – wie etwa den Status der israelischen Araber, der in der fünfundsiebzigjährigen Existenz des Staates Israel noch immer ungelöst ist. Missstände, die sich auf unmögliche und an ein Wunder grenzende Weise bisher irgendwie die Balance gehalten haben. Infolge der von der gegenwärtigen Regierung provozierten Schockwellen von Feindschaft und Hass untereinander kann es sein, dass diese Fragen jetzt eine echte Antwort, dass sie eine neue Ordnung erfordern, einen neuen Vertrag zwischen den verschiedenen israelischen »Stämmen« und zwischen ihnen und ihrem Staat.

Und noch haben wir das Thema der Besatzung kaum berührt.

Die Organisatoren des öffentlichen Protestes haben völlig richtig entschieden, die zentrale Debatte, an der sich die israelische Gesellschaft schon seit fünfundfünfzig Jahren, seit Israel die Westbank und den Gazastreifen besetzt hat, spaltet, für eine gewisse Zeit zurückzustellen.

Sogar jemand wie ich, der nun über vierzig Jahre gegen die Besatzung kämpft, anerkennt – wenn auch bedrückt – die Tatsache, dass eine öffentliche Diskussion über die Frage der Besatzung die immense Kraft des Widerstandes geschwächt und ihn gespalten hätte; große Teile der Öffentlichkeit hätten sich davon distanziert. Zum gegenwärtigen Zeitpunkt sind die Israelis schlicht nicht in der Lage, sich der Tatsache der Besatzung zu stellen. Nicht jetzt. Doch ich tröste mich damit, dass politische und gesellschaftliche Fragen, die über viele Jahre zum Stillstand gekommen sind, wie sumpfiges Wasser, jetzt in Bewegung geraten können. Und vielleicht wird bei der Aussicht, die Frage der Besatzung wieder »in Gang zu bringen«, diese Frage plötzlich neu, kreativer und furchtloser formuliert werden und anfangen, tatsächlich ins Bewusstsein der Menschen zu dringen.

Unter unseren Füßen verschieben sich gerade tektonische Platten. Ich nehme an, dass diejenigen, die den Staat hijacken wollten, die es wagten, das israelische Rechtssystem zu infiltrieren und umzuschreiben, nicht mit einer so starken und breiten Reaktion auf ihre feindliche Übernahme gerechnet hatten. Und es hat den Anschein, dass auch die Protestbewegung, die Gegner der »Reform«, über das Ausmaß, die Verve und den Mut, die in ihrer Mitte aufbrachen, völlig erstaunt waren. Jeden Tag schließen sich Hunderte von Konzernen und Organisationen, darunter ehemalige Mitarbeiter des Inlandsgeheimdienstes und des Mossad, Hightech-Leute und El-Al-Piloten dem Protest an. Tausende von Reservisten, die das Rückgrat der Armee bilden, erklärten, sie würden nicht mehr zum Reservedienst erscheinen. Sogar die alten Leute kommen in Rollstühlen aus ihren Altenheimen hinaus auf die Straße, um gegen das zu demonstrieren, was sie »die Zerstörung der Demokratie, für die wir gekämpft haben« nennen.

Und auch die Demonstrierenden selbst sind wohl überrascht, wie groß der Zuspruch ist, den sie bekommen. Über Jahrzehnte hatte man sie – gerade die Jüngeren unter ihnen – beschuldigt, sie seien egoistisch, zynisch und verwöhnt, sie hätten keine Wurzeln und fühlten sich ihrem Land nicht verbunden. Vor allem aber hatte man ihnen den in Israel schlimmstmöglichen Vorwurf gemacht: mangelnden Patriotismus.

Dann begann der große Aufstand, und zum Staunen aller entdeckten Hunderttausende von Israelis alte und neue Schichten ihrer Identität, ihrer Werte, ihres Zusammengehörigkeitsgefühls und gestanden plötzlich sogar, ihr Land zu lieben – ein Gefühl, das in bestimmten Kreisen bisher beinahe an »schlechten Geschmack« grenzte.

Ja, Menschen, die schon jahrzehntelang keine blauweiße Fahne mit dem Davidstern mehr schwenken, tragen sie jetzt auf den Demonstrationen. Etwas verlegen, aber trotzdem empfinden sie Stolz, dass es ihnen gelungen ist, das für sich zurückzufordern, was die Rechte ihnen entrissen hatte.

Denn plötzlich wird vielen Israelis klar, dass man dieses Land lieben kann – und das ist keine kitschige, sentimentale Liebe, keine faschistische, an Götzendienst grenzende Bewunderung, sondern eine Hingabe mit wachem Blick, mit dem Wunsch, dieses Land wieder zu einem Zuhause zu machen in dem ehrlichen Streben, mit unseren Nachbarn und Nachbarinnen in Frieden zu leben. Sie wird getragen von einem entwickelten, erwachsenen zivilen Bewusstsein und einem jetzt vertieften Verständnis für den Geist der Demokratie, des Liberalismus, der Gleichheit und der Freiheit.

Aus dem Hebräischen von Anne Birkenhauer

BESATZUNGSREGIME UND DEMOKRATIE. WAS IST EIN JÜDISCHER STAAT?

Juni 2023

Ein jüdischer Staat – was soll das sein? Auf diese komplexe Frage scheint sich zunächst einmal eine einfache Antwort anzubieten: Der jüdische Staat, das ist die Realität, in der die Bürger des Staates Israel, Juden und Araber, heute leben. Er wird von fast der gesamten jüdischen Mehrheit als die nationale Heimstatt aller Juden betrachtet; die Zeiteinteilung folgt dem jüdischen Lebensrhythmus: Die Woche endet am Schabbat, jüdische Feste und Gedenktage sind offizielle Feiertage, Hebräisch, die Sprache der Bibel, in der die jüdische Identität formuliert und gefestigt wurde, ist die dominante Landessprache.

In den fünfundsiebzig Jahren der Unabhängigkeit, eigentlich bereits lange vor der Staatsgründung, haben sich unzählige Schichten jüdisch-israelischer Erfahrung angesammelt. Dazu gehören selbstverständlich auch die beladenen Beziehungen zwischen der jüdisch-israelischen Mehrheit und der arabisch-israelischen Minderheit. Jeder Augenblick der israelischen Existenz enthält die gesamte DNA dieses vielfältigen, lebendigen und turbulenten jüdischen Staats, des Staates Israel. Aber Moment mal, war da nicht noch etwas? Ein bedeutsamer Faktor, der das »Gesicht« unseres Landes mitgeprägt hat, darf hier nicht vergessen werden: Die meisten Israelis neigen dazu, die nun schon seit mehr als fünfundfünfzig Jahren andauernde Besatzungsherrschaft über die Palästinenser und ihr Land zu ignorieren. Um es gleich vorwegzunehmen: Es ist nicht allein Israels Schuld, dass jahrzehntelang keine der beiden Seiten einen aufrichtigen, mutigen Versuch der Konfliktlösung gewagt hat. Sowohl die Palästinenser als auch die Israelis haben auf dem Weg in eine offenbar auf ewig verstopfte Sackgasse gravierende Fehler begangen. Aber jetzt, nach dem 75. israelischen Unabhängigkeitstag, der sowohl zu staunender Bewunderung als auch zu innerer Einkehr eingeladen hat, müssen wir uns fragen, ob eine Definition des »jüdischen Staates« die Besatzung einfach unterschlagen kann oder darf. Die Besatzung selbst, aber auch ihr intensives Ignorieren durch einen großen Teil der Bevölkerung.

»Die Lage«. So nennen wir Israelis bekanntermaßen unsere Beziehungen zu den Palästinensern und meinen damit das jahrzehntelange Bluten, die Kriege, die stets unzureichenden Militäroperationen, die Besatzung und den Widerstand gegen sie, den Siedlungsbau in den besetzten Gebieten, die Grenzüberschreitungen jeglicher Art, den immer wieder aufflackernden Terrorismus.

Die meisten der in diese »Lage« Hineingeborenen, die seitdem in ihr leben müssen, haben die Hoffnung, sie jemals reparieren zu können, inzwischen aufgegeben. Die Komplexität des Konflikts wirkt lähmend. Der unendliche Kreislauf, der Mechanismus von Gewaltbereitschaft und Gegengewalt. Die Schablonenhaftigkeit, mit der die ganze Geschichte wieder und wieder aufbereitet wird. Die Verwandlung authentischer menschlicher Schicksale in ein manipulatives »Narrativ«. Die Kränkung derjenigen, deren Lebensessenz zu einem Klischee verkommen ist.

Wir, die in dieser »Lage« Aufgewachsenen, haben uns damit abgefunden, dass unsere Kinder und Kindeskinder zum Leben mit dem Schwert verdammt sind und nicht selten durch das Schwert fallen. Wir haben erfahren, dass Stärke allein keinen Sieg garantiert, dass jedes Schwert zweischneidig ist. Wir wissen das und wollen es dennoch nicht wahrhaben. Wir ziehen uns in uns selbst zurück und geben uns der Apathie und dem Fatalismus hin, verfallen dem von der Religion angebotenen Trost und der Selbstverherrlichung durch den Nationalismus. Naturgemäß suchen wir zudem nach leicht erreichbaren Zufluchtsorten, nach »Superstars«, die vor unseren glasigen Augen glitzernd geboren werden und uns von den erschreckenden und manchmal erschütternden Fragen ablenken, vor die der Dauerkonflikt uns stellt.

Wer uns dabei zusieht, auf den wirken wir zunehmend passiv, seelisch neutralisiert (»neutralisiert« – ein weiteres furchtbares Wort, das »die Lage« für sich vereinnahmt hat). Allerdings bleibt die Kluft zwischen uns und der vom Konflikt beschädigten Realität nicht leer: Extremistische, nationalistische und fundamentalistische Kräfte drängen hinein und bedienen sich hemmungslos aller Mittel, um uns, der verängstigten, gelähmten Mehrheit, ihren Willen aufzuzwingen.

Aussagen über den Charakter eines Staates oder eines Volkes sind heikel, über handfeste Prozesse jedoch darf gesprochen werden. Ein eklatantes Beispiel ist das sogenannte Besiedlungswerk, ein Fakten schaffender, das Gesicht des Staates Israel augenfällig verändernder Prozess. Er war von Anfang an geographisch, politisch, militärisch und vor allem psychologisch darauf ausgerichtet, die Festlegung fairer Staatsgrenzen zu verhindern. Damit wurde und wird weiterhin ein dauerhaftes Friedensabkommen unterlaufen, das, Gott behüte, das zukünftige Schicksal Israels zementieren könnte. In dieser Frage mischen auch die Vertreter der jüdischen Religion seit Jahrzehnten, vor allem aber seit dem Sechstagekrieg, in der israelischen Politik mit – unbefugt, unbehindert.

Was ist mit den Außengrenzen? Auch nach 75 Jahren Unabhängigkeit haben wir noch keinen ausgehandelten Grenzverlauf. Seit Bestehen des Staats ist dessen Gebiet nach Kriegen, militärischen Operationen, diversen Abkommen, Eroberungen und Rückzügen immer wieder geschrumpft oder erweitert worden.

Ein Land ohne einvernehmlichen Grenzverlauf sieht sich, vor allem in einer instabilen Region wie der unseren, ständig einer doppelten Bedrohung ausgesetzt; da ist einmal die Versuchung, in das Territorium der Nachbarn einzudringen, andererseits die Befürchtung, von ihnen überfallen zu werden. Aufgrund dieser ständig spürbaren Spannung ähnelt Israel eher einer Festung als einer Heimstatt. Auch das prägt das Gesicht des heutigen jüdischen Staates.

Ich empfinde mich als Teil eines säkularen und humanistischen Judentums, das an den Menschen glaubt, dem allein das menschliche Leben heilig ist. Seine Vertreter wollen es mithilfe von Dialogen weiterentwickeln, keinesfalls mithilfe von Druck.

Auf einer gewissen Bewusstseinsfrequenz spüre ich meine Zugehörigkeit zum jüdischen Volk ganz deutlich, manchmal aber macht sich auch Abneigung gegen diese Zugehörigkeit bemerkbar. Ich bin dem Schicksal meines Volks, seiner glorreichen, schrecklichen Geschichte wesensmäßig zutiefst verbunden. Seiner reichen Kultur. Seinem schmerzlich-ironischen Humor. Der hebräischen Sprache in all ihren Inkarnationen.

Das Judentum, dem ich angehöre, erschrickt vor der Selbstgefälligkeit und Arroganz, die bestimmte Gruppen, Parteien und Kreise heute unverblümt an den Tag legen, vor ihren erpressten Bündnissen, die uns die Kehle immer enger zu schnüren, die Religion mit Extremismus verknüpfen, den Glauben mit Messianismus, Patriotismus mit Nationalismus und Faschismus.

Angesichts der zunehmend toxischer werdenden Lage stellt sich die Frage, ob der israelische Staat überhaupt noch berechtigt ist, sich als Demokratie zu definieren. Besatzungsregime und Demokratie, das schließt sich gegenseitig aus. Denn die Demokratie entspringt der Einsicht, dass alle Menschen gleichwertig geboren werden und alle das Recht besitzen, ihr eigenes Schicksal mitzubestimmen.

Jahre der Besetzung und Unterwerfung drohen im Besatzer das Gefühl auszulösen, der Wert des Menschen ließe sich nach einer Stufenleiter bemessen. Die Eroberten werden irgendwann als von Natur aus minderwertig eingeschätzt, als minderwertig geschaffen. Die Erniedrigung entspricht offenbar ihrem Wesen, man darf sie getrost ihrer natürlichen Menschenrechte berauben, ihre Werte und Wünsche verspotten – nicht anders sahen und sehen Antisemiten die Juden. Die Eroberer halten sich dann bald für überlegene, zur Herrschaft geborene Geschöpfe. Wächst in einer solchen Wirklichkeit der Einfluss der Religion, dann erstarkt der Glaube, das alles geschähe nach göttlichem Willen. Kein Wunder also, dass in einem solchen Bewusstseinsklima die demokratische, tolerante, liberale Weltanschauung sich auf dem Rückzug befindet.

Meine Frage aber lautet: Wie kann jemand, der an die Gottebenbildlichkeit glaubt, sein Ebenbild mit Füßen treten?

Heute scheint der Gedanke an die Besatzung und deren Folgen, die Verdrängung, das Verlogene ihres Daseins die meisten israelischen Bürger kaum noch zu belasten, von Schuldgefühlen ganz zu schweigen. Intuitiv und erfinderisch, wie sie ist, bringt die israelische Mehrheit es fertig, »damit zu leben« (gern würde ich hier schreiben, »es herauszufiltern«). Der Albtraum der Besatzung hat seit 1967 weder die israelischen Bürger noch die meisten ihrer politischen Köpfe angespornt, sich endlich ernsthaft mit der Korrektur der Lage zu befassen. Stattdessen haben sie sich daran gewöhnt. Zudem hat der Staat Israel sich ein hermetisches, die Realität effektiv ausblendendes Selbstbild nebst dazugehörigem Narrativ zurechtgezimmert.

Nach der Zerstreuung in siebzig verschiedene Exilländer gelang es den Juden, ihr Dasein, ihre Seele und ihren Glauben auf ein imaginäres, wunderbares Land Israel auszurichten, während sie in ihrer alltäglichen Existenz oft unter Elend und Verfolgung zu leiden hatten. So waten Benjamin der Dritte und sein Freund Sandril, zwei Geschöpfe des russisch-jüdischen Schriftstellers Mendele Mocher Sefarim, im Blut des Exils und sehnen sich nach dem verheißenen Land, in dem ihnen Anteil und Erbe sicher sind. Nur noch eine kleine Weile, dann werden sie es erreichen, ihren Bauch mit Datteln und Feigen füllen und König Salomo sehen, der die Quader für den Tempel mit einem Feuerstein spaltet. »›Alles ist da‹, meint Benjamin versonnen, ›alle Orte sind dort.‹« (Nachzulesen in *Die Reisen Benjamins des Dritten*, Hanser 2019.)

Dieses seltene Talent, das Talent des Fiedlers auf dem Dach, der absolute Glaube an die Phantasie und die Fähigkeit, sie dermaßen aufzuladen, dass sie sich verwirklicht, macht sich heute abermals bemerkbar. Der Fiedler jedoch thront nun auf einem Panzer, und sein besonderes Talent soll die grausige Lage, in der wir ein anderes Volk Tag für Tag demütigen, so gründlich wie möglich aus dem allgemeinen Bewusstsein vertreiben. Heute klügeln wir mithilfe dieses Talents erstaunliche Systeme der Realitätsumschiffung aus, die uns eine schlafwandlerische Fortsetzung der Lage erlauben – in der Annahme, wir müssten dafür keinen Preis entrichten.

Anders gesagt: Die Vorstellungskraft, das metaphysische Organ, das eine so wichtige Rolle bei der Verwirklichung der sagenhaften Rückkehr nach Zion gespielt hat, ermöglicht es den Israelis von heute, die dies wollen (und das sind offenbar sehr viele), sich ein Bild der Wirklichkeit zu machen, in dem ein ganzes Volk fehlt, in dem Millionen hier beheimateter Menschen einfach nicht mehr vorkommen.

Wenn dem so ist, dann könnte eine von vielen möglichen Antworten auf die Frage »Was ist ein jüdischer Staat?« lauten: »Ein jüdischer Staat ist ein Staat mit der Begabung, in einer illusionären Dimension der Realitätsverleugnung zu verharren.«

Die sich selbst entzündende Phantasie wird zur Phantasmagorie.

Phantasmagorie wird zu Substanz, die einige nach Belieben zu formen wissen.

Immer mehr Menschen verfangen sich in einer wahnhaften Realität.

Andere werden unfreiwillig zu Gefangenen jener Phantasmagorien.

Aber anlässlich des nun erlebten Festtages möchte ich eine weitere Definition für den Begriff »jüdischer Staat« vorschlagen. Die, wenn sie sich realisieren ließe, die jüdische Identität und Ethik unseres Staats stärken und das Verhältnis zu der in ihm lebenden großen palästinensischen Minderheit deutlich verbessern würde.

Wenn sie sich realisieren ließe – das heißt, noch ist sie nicht zu realisieren, aber sie kündigt sich bei seltenen Zusammenkünften gelegentlich an. Vielleicht werden, wenn der »große« Konflikt irgendwann beigelegt ist, jüdische und palästinensische Bürger Israels die seelische und mentale Kraft aufbringen, ohne die eine echte, umfassende Versöhnung nicht möglich ist.

Infolge der wundersam anmutenden, epochalen Rückkehr der Juden in ihre Heimat müssen sie nun lernen, die Mehrheit zu sein. Sie müssen sich selbst von den Verletzungen der verfolgten Minderheit heilen und herausfinden, welche Verpflichtungen die Mehrheit gegenüber den verschiedenen auf ihrem Gebiet lebenden Minderheiten hat. Diese Klärung wird nicht einfach sein. Sie wird den Verzicht auf materielle Vermögenswerte wie auch auf ideelle Werte der Identität und des Selbstbilds mit sich bringen (von Vorurteilen und Stereotypen befreit man sich bekanntlich nur sehr schwer). So müssten beispielsweise die Lehrpläne im Schulwesen von Grund auf revidiert werden, und die Politik müsste sich vornehmen, den verschiedenen Minderheiten Schutz vor der Misere des krankhaften Rassismus und der Hassverbrechen zu gewähren.

Solche Prozesse könnten vielleicht eine Realität erschaffen, die jedem Menschen, ob er nun der Mehrheit oder einer Minderheit angehört, das Gefühl vermittelt, er könne sich frei entfalten, sei geschützt und in allen Institutionen – bei Übernahme aller Pflichten und Rechte – gleichberechtigt vertreten; dürfe, sowohl in wirtschaftlicher als auch in kultureller Hinsicht, in Würde leben und die prägende Geschichte seiner Gemeinschaft pflegen, ohne die prägenden Geschichten anderer zu beeinträchtigen. Dann ließen sich möglicherweise auch die Wunden heilen, die den wesensbestimmenden Wurzeln von Minderheiten oft geschlagen worden sind, und wir könnten den Vers »Einerlei Recht soll unter euch herrschen, für den Fremdling wie für den Einheimischen« (3. Mose 24,22), der in der Eingangshalle des Obersten Gerichtshofs von Israel prangen sollte, guten Gewissens zitieren. Die überzeugten Säkularen und Atheisten unter uns aber würden vor dem Eingang zur Knesset stehen und, wie in ein weltliches Gebet versunken, den nun dort eingravierten Vers lesen: »Und Gott schuf den Menschen nach seinem Bilde, nach dem Bilde Gottes schuf er ihn, schuf sie als Mann und Frau.« (1. Mose 1,27)

Aber warum sich auf die Heilung der offiziellen Beziehungen zu unserer großen nationalen Minderheit beschränken? Warum nicht alle Minoritäten einbeziehen, alle benachteiligten Gruppen jedweder Nationalität, Ethnie, Geschlechtszugehörigkeit? Schließlich sind auch

Asylsuchende eine schwache, notleidende Minderheit. Nicht anders als Behinderte oder am Rande des Hungertodes darbende Greise; nicht anders als die Ärmsten, die unter der Armutsgrenze feststecken, als leidgeprüfte Schoa-Überlebende … die Aufzählung ließe sich beliebig fortsetzen.

Nun könnten Sie mir entgegnen, dass ich hier lediglich einen Wohlfahrtsstaat, einen ganz normalen Rechtsstaat beschreibe. Was an meiner Vision soll spezifisch jüdisch sein? Nun, sie ist jüdisch, weil die hier angesprochenen sozialen Vorstellungen und Konzepte bereits in der Hebräischen Bibel, dem Tanach (von Christen »Altes Testament« genannt), formuliert worden sind. Nur dass sie jetzt in einem modernen Land mit jüdischer Mehrheit verwirklicht würden. »Mehrheit« ist in diesem Fall nicht nur eine statistische Gegebenheit. Die Juden waren jahrtausendelang eine Minderheit. Eine seltsame, verdächtige und verhasste Minderheit in Ländern, die sie fast immer missbraucht, verfolgt und erniedrigt, die sogar ihre radikale Auslöschung geplant haben.

Selbst in einer ihr mehr oder weniger freundlich gesinnten Umwelt lebte die jüdische Minorität im Bewusstsein der Schwäche und Unsicherheit kaum noch geduldeter Fremder. Der Boden unter ihren Füßen bebte fast pausenlos, immerzu und überall drohten imaginäre Trennlinien.

Heutzutage nun ist diese Minderheit, wie erwähnt, die Mehrheit. Dieser Sachverhalt birgt eine immense Verantwortung und ruft nach Sensibilität, Empathie, Differenzierungsvermögen, nach einem Prozess der Geschichtsüberwindung derartigen Umfangs, dass ich mich frage, ob wir die dazu erforderliche Kraft überhaupt aufbringen könnten. Sollte der Staat Israel dennoch auch nur einige der hier umrissenen Wunschvorstellungen übernehmen, dürften wir guten Gewissens sagen: Ein jüdischer Staat ist die nationale Heimstatt aller Juden, der die volle Gleichberechtigung aller seiner Bürger als entscheidende Prüfung seiner Humanität und als Erfüllung der Visionen seiner Propheten und Gründerväter betrachtet.

Aus dem Hebräischen von Helene Seidler

SCHWARZER SCHABBAT

Nach dem 7. Oktober 2023

Mehr als tausend Ermordete, 2900 Verletzte, Hunderte entführt oder gefangen. Die Rettung eines jeden Menschen ein Wunder. An Klugheit und Mut.

Unzählig die Wunder, unzählig die Opfer und Heldentaten von Soldaten und Zivilisten, doch ein jedes erinnert an den kriminellen Leichtsinn unserer Sicherheitsdienste, deren Chefs sich selbst – und uns – jahrelang davon überzeugt haben, wir wären hier in der Region die Stärksten und Raffiniertesten, aufs Kriegshandwerk verstünde sich niemand besser als wir.

Ich schaue in die Gesichter meiner Mitmenschen. Schock. Dumpfheit. Die Herzen schwer vor ständiger seelischer Belastung. Immer wieder versichern wir einander: ein Albtraum, ein beispielloser Albtraum. Ihn zu beschreiben fehlen die Worte. Worte vermögen ihn überhaupt nicht zu fassen.

Tief sitzt das Gefühl, verraten worden zu sein. Die Regierung hat ihre Bürger verraten. Sie hat alles verraten, was uns als Bürgern dieses einen bestimmten Landes teuer war. Sie hat Bedeutung und Verpflichtung des Staats Israel verraten. Hat das kostbarste Pfand verraten, das zu hüten ihr aufgetragen war: die nationale Heimstätte für uns Juden zu sein. Mit heiliger Ehrfurcht, nicht weniger, hätte sie es hüten müssen. Was aber tat sie stattdessen? Woran mussten wir uns gewöhnen, als wäre das nun einmal der Lauf der Welt? Dieses Land wurde preisgegeben – zugunsten engstirniger Interessen, zugunsten einer zynischen, schlafwandlerisch unvernünftigen Politik.

Was heute geschieht, zeigt uns den Preis, den Israelis zu zahlen haben, weil sie sich jahrelang von korrupten Politikern verführen ließen, die den Staat nach und nach an den Rand des Abgrunds trieben, das Justizwesen, das Erziehungswesen wie auch die Armee unterhöhlten und bereit waren, uns alle existenziellen Gefahren auszusetzen, um den Ministerpräsidenten vor einer Gefängnisstrafe zu bewahren.

Denken wir nur einmal daran, was wir seit Jahren hingenommen haben, wie viel Kraft, Gedanken und Geld wir wegen der Familie Netanjahu und ihrer Dramen à la Ceaușescu verschwendet haben, wie viele groteske Shows sie vor unseren verwunderten Augen abgezogen hat.

Seit neun Monaten demonstrieren Millionen Israelis allwöchentlich gegen die Regierung und den Mann an ihrer Spitze, ein beispielloses Unterfangen, das den Staat zu sich selbst zurückbringen sollte, zur erhabenen Idee seiner Gründung: der Schaffung einer Heimstatt für das jüdische Volk. Keiner normalen Heimstatt. Millionen von Israelis wollten ein liberales, demokratisches, friedliebendes Land aufbauen, das den Glauben eines jeden Menschen respektiert. Anstatt nun aber den Vorschlägen der Demonstranten Gehör zu schenken, zog Netanjahu es vor, die Protestbewegung als betrügerisch zu verleumden und einzelne teilnehmende Gruppen gegeneinander aufzuhetzen. Dennoch verkündete er bei jeder sich bietenden Gelegenheit, wie stark Israel sei, wie entschlossen und vor allen Dingen: wie bereit, jeder Gefahr zu trotzen.

Das erkläre nun den vor Schmerz wahnsinnigen Eltern, dem an den Wegrand geworfenen Baby. Den Entführten, die jetzt wie menschliches Konfekt unter den verschiedenen Terrororganisationen verteilt werden. Erkläre es deinen Wählern. Erkläre es angesichts von achtzig Durchbrüchen an der bestgesicherten Grenzanlage der Welt.

Doch dürfen wir uns bei aller Wut auf Netanjahu, seine Leute und sein Vorgehen keiner Täuschung hingeben: Die Gräueltaten dieser Tage sind nicht Israel zuzuschreiben. Sie gehen aufs Konto der Hamas. Wohl ist die Besatzung ein Verbrechen, aber Hunderte von Zivilisten zu überwältigen, Kinder, Eltern, Alte und Kranke, und dann von einem zum anderen zu gehen und sie kaltblütig zu erschießen – das ist ein viel schwereres Verbrechen. Auch in der Hierarchie des Bösen gibt es eine Rangordnung, gibt es vom gesunden Menschenverstand und vom natürlichen Gefühl zu unterscheidende Schweregrade. Wenn man das Schlachtfeld sieht, dort, wo ein Rave in der Natur gefeiert wurde, wenn man die Hamas-Terroristen auf Motorrädern sieht, wie sie junge Leute, von denen einige noch ahnungslos tanzen, einkreisen, um sie dann unter Jubelgeschrei wie Wild zu jagen und zu erlegen – ob man sie Bestien nennen sollte, weiß ich nicht, ihr menschliches Antlitz aber haben sie zweifelsohne verloren.

Wie Schlafwandler irren wir durch diese Tage und Nächte. Möchten der Versuchung widerstehen, die Videos anzuschauen, den Gerüchten zu lauschen. Verspüren seit fünfzig Jahren, seit dem Jom-Kippur-Krieg, wieder einmal die Angst derer, denen das Wissen um die Möglichkeit einer Niederlage erste Wunden schlägt.

Wer werden wir sein, wenn wir uns aus dem Staub erheben und am eigenen Leib den Schmerz empfinden, den der Dichter Haim Gouri nach dem Unabhängigkeitskrieg von 1948 in zwei einfache Zeilen packte: »Wie zahlreich sind doch jene / die nun nicht mehr unter uns weilen.« Welche Art Mensch werden wir sein, wenn wir gesehen haben, was zu sehen war? Von wo aus sollen wir von vorn anfangen? Was wird noch möglich sein, nachdem so viel von dem, an das wir glaubten, auf das wir vertrauten, zerstört und verloren ist?

Eine Vermutung: Das Land wird nach dem Krieg sehr viel rechter, militanter und auch rassistischer sein. Der uns aufgezwungene Krieg wird dem kollektiven Bewusstsein die hassenswerten Stereotype und Vorurteile, die bisher ein Teil der israelischen Identität waren, verstärkt einprägen. Diese Identität wird dann auch das Trauma des Jahres '23 aufsaugen; sie wird das Wesen der Politik bestimmen, den inneren Riss, die Polarisierung vorantreiben.

Ist die winzige Chance auf einen wahren Dialog, auf ein irgendwie geartetes Abfinden mit der Existenz des jeweils anderen Volks am 7. Oktober 2023 nun für einige Jahre auf Eis gelegt worden, oder ist diese Aussicht womöglich auf ewig eingefroren? Was werden die irregeleiteten Verfechter eines binationalen Staates jetzt wohl sagen? Palästinenser und Israelis, beide vom nicht enden wollenden Krieg deformiert, sind ja nicht einmal fähig, verwandtschaftlich miteinander umzugehen – wie sollten sie einander da als siamesische Zwillinge ertragen?

Bevor an gegenseitige Akzeptanz und Heilung überhaupt wieder zu denken ist, müssen sehr, sehr viele Jahre, Jahre ohne Krieg, vergehen. Noch ist das Ausmaß des angstgetriebenen Hasses, der an die Oberfläche der Realität durchbricht, kaum einzuschätzen. Ich bete und hoffe, dass sich im Westjordanland einige Palästinenser trotz des Abscheus gegen die israelischen Besatzer bereitfinden werden, sich von dem zu distanzieren, was ihre Landsleute aus dem Gazastreifen angerichtet haben, sei es durch praktische Maßnahmen, sei es durch eine öffentliche Verurteilung. Ich als Israeli habe kein Recht, ihnen Vorschriften zu machen. Als Mensch aber habe ich jedes Recht, ja, sogar die Pflicht, ihnen humane, ethische Verhaltensformen abzuverlangen.

Vor zwei Wochen sprachen der Präsident der Vereinigten Staaten, der israelische Ministerpräsident und der Herrscher Saudi-Arabiens noch begeistert über einen Friedensvertrag zwischen Israel und Saudi-Arabien. Ein solcher Vertrag hätte ebenfalls eine Normalisierung mit Marokko und den Emiraten einleiten sollen. Die Palästinenser allerdings werden in diesen Absprachen kaum erwähnt. Netanjahu, geschniegelt und überaus selbstsicher, prahlte damit, dass es ihm gelungen sei, das Palästinenserproblem aus den Beziehungen zu den arabischen Staaten auszuklammern.

Auch diese angekündigten Verträge haben etwas mit den Ereignissen des »Schwarzen Schabbat« zu tun. Der Friede, den sie bringen sollten, wäre ein Friede für Reiche allein gewesen. Ein weiterer Versuch, den Kern des Konflikts zu übergehen. Die letzten Tage haben gezeigt, dass die Tragödie im Nahen Osten ohne gleichzeitige Linderung des palästinensischen Leids nicht zu bewältigen ist.

Sind wir fähig, die üblichen Formeln abzuschütteln? Begreifen wir, dass das Geschehen zu groß und zu grausam ist, um nach veralteten Paradigmen beurteilt zu werden? Was sich in den letzten Tagen offenbart hat, lässt sich mit Israels Vorgehen und Vergehen in den besetzten Gebieten seit 1967 weder relativieren noch rechtfertigen. Ich spreche von der Tiefe des Israelhasses, von der schmerzhaften Einsicht, dass wir Israelis nun wohl auf ewig unter höchster Anspannung und in ständiger

Kriegsbereitschaft leben müssen. Ununterbrochen bemüht, Athen und Sparta gleichzeitig zu sein. Immerzu fragend, ob uns jemals ein normales, von Angst und äußerer Bedrohung freies Leben vergönnt sein wird. Ein dauerhaft geborgenes Dasein. In einem behüteten Heim.

Aus dem Hebräischen von Helene Seidler

UNSER MUT ZU EINEM
GANZ NEUEN ANFANG

Trauerrede für die Terroropfer
am 16.11.2023 in Tel Aviv

Seit jenem Schabbat, an dem Hunderte Männer, Frauen, Babys, Kinder und alte Menschen ihres Lebens beraubt wurden, sind vierzig Tage vergangen. Trunken vor Hass und Bösartigkeit schlachteten Hamas-Terroristen ganze Familien in ihren Häusern ab, Eltern vor den Augen ihrer Kinder, Kinder vor den Augen ihrer Eltern. Sie vergewaltigten, sie mordeten. Mit der Lust von Jägern verfolgten sie unschuldige, tanzende junge Leute und legten auf diese an, als wären sie Ziele in einem Computerspiel.

»Hier liegen unsere Körper, in einer langen, langen Reihe«, schrieb der Dichter Haim Gouri während eines anderen Kriegs – oder sollte es immer noch ein und derselbe nicht enden wollende Krieg sein? – »hier liegen unsere Körper, in einer langen, langen Reihe, unsere Züge sind andere geworden. Aus unseren Augen schaut der Tod.«

Ja, unsere Züge sind andere geworden. Die, die wir einmal waren, werden wir nie wieder sein. Die Bilder der Gräuel, die Fratzen des Hasses, denen wir ausgesetzt waren – so etwas sieht ein Mensch nicht, ohne ein anderer zu werden. Als hätte sich inmitten der Realität ein Strudel aufgetan und uns eingesogen. Dem gegenüber stehen Heldentum und Opferbereitschaft, stehen Taten, die Menschen um anderer Menschen willen vollbracht haben. Wir hören von der unfassbaren Kühnheit junger Leute, die im wahrsten Sinne des Wortes dem Bösen ihr Leben entgegengeworfen haben, um andere zu retten. Um die Familie, das Haus, den Kibbuz und oft auch Unbekannte zu beschützen. Immer wieder riskierten Männer und Frauen mit unerhörtem Mut ihr Leben. In einer Sekunde, mit einer Tat: Manche warfen sich auf scharf gemachte, von den Terroristen in frei stehende Bunker oder häusliche Schutzräume geworfene Handgranaten, wodurch andere Schutzsuchende verschont blieben. Solche Akte bringen unsere Sicht auf die Welt, die wir als zynisch, selbstsüchtig, utilitaristisch wahrnehmen, gründlich ins Wanken.

Seit dem 7. Oktober denke ich viel über diese Menschen nach. Im Alltag mögen wir auf der Straße an ihnen vorübergegangen sein, nun aber wurden sie plötzlich aus der banalen Routine gerissen und vor die schwerste Prüfung gestellt, vor der man überhaupt stehen kann, der Prüfung auf Leben und Tod.

Wir sind heute hier versammelt, um zu erzählen, um zuzuhören, um der Toten zu gedenken. Um das offizielle Gedenkgebet Jiskor (»Gedenke!«) umzuwandeln in Niskor: Wir werden gedenken. Einer Welt, die durch den Verlust unserer Lieben verloren gegangen ist. Mit dem Verlust eines jeden geht eine ganze Welt verloren, man könnte auch sagen, eine ganze Kultur, eine zutiefst private Kultur, eine familiäre Minizivilisation mit ihren intimen Erinnerungen, ihren kleinen Insider-Scherzen, den ihnen eigenen Empfindlichkeiten, den besonderen Augenblicken von Güte und Fülle – all dies ist nun für immer dahin.

Das heißt, ganz und gar dahin ist es nicht, aber es wird von nun an nur noch im Echoraum des Verlusts erfahrbar sein. Das ist hart. Daran muss man sich erst gewöhnen: Von jetzt an wird alles – oder fast alles – mit Schmerz beladen sein, wird alles Erleben binär werden: Null oder Eins. Sein oder Nichtsein. Tief im Inneren werden wir ihrer gedenken, der geliebten Verlorenen. Aber wir werden sie nicht erstarren lassen. Erstarren, Versteinerung bedeutet Tod, in der Bewegung aber liegt Leben. Wir werden uns an ihre Gesichter erinnern, an ihr Mienenspiel, an ihre Freudenbekundungen, an den lebendigen Fluss ihrer Bewegungen, an ihr Lachen, an ihr Leid. An ihre Stimmen, an das Blitzen ihrer Augen. An Menschen und Dinge, die sie wertzuschätzen wussten.

Am tiefsten werden wir um die ermordeten jungen Leute trauern. Ein Leben lang werden wir um das trauern, was mit ihnen auf immer dahin ist. Die Zukunft, die sie hätten haben können, die großen und kleinen Freuden, die feierlichen Höhepunkte, aber auch Kummer und Sorgen, kurz: die Fülle des Lebens in allen ihren Formen.

Ganz zu schweigen von den Kindern und dem, was sie in der Gefangenschaft der Hamas erlitten haben und weiterhin erleiden müssen. Unsere geliebten Kinder, von denen sich kaum sprechen lässt, weil die Seele den Schmerz nicht erträgt.

In Chaim Nachman Bialiks nach dem Kischinew-Pogrom von 1903 geschriebenen Gedicht »Auf der Schlachtbank« finden sich die Zeilen: »Und das Blut wird den Abgrund durchdringen! / Das Blut wird selbst die dunkelsten Abgründe durchdringen.« Und wir fragen heute: Wie sollen wir uns wieder erheben, nachdem wir in die dunkelsten Abgründe geschleudert worden sind? Nachdem wir uns sowohl »Auf der Schlachtbank« als auch »In der Stadt des Mordens«, einem weiteren Bialik-Gedicht aus jener Zeit, wiedergefunden haben? Und wir fragen ebenfalls: Welche Art Mensch werden wir sein, welche Art von Gesellschaft werden wir hervorbringen, mit welchen Werten werden wir unsere Kinder erziehen, nachdem wir die Asche abgeschüttelt haben? Woher sollen wir die Kraft nehmen, überhaupt wieder aufzustehen? Die Kraft, ein Haus zu bauen, ein Feld zu pflügen, ein Kind auf die Welt zu bringen. Auf diese Welt.

Liebe Freundinnen und Freunde aus den Gemeinden in der Nähe des Gazastreifens, im letzten Monat habe ich euch gesehen. Wie alle Israelis habe ich euch stundenlang, Tag und Nacht auf dem Bildschirm zugeschaut. Fast euer ganzes Leben lang hat unser Land sich auf die eine oder andere Weise im Krieg oder in kämpferischen

Auseinandersetzungen mit den Nachbarn befunden. Und eure Gemeinden lagen fast jedes Mal an der Grenzlinie des Konflikts. Das Leben in dieser Region hat euch einen hohen Preis abverlangt. Und doch habt ihr euch vom Krieg nicht korrumpieren lassen, das spürt, wer euch sieht und hört. Ihr wart und seid aufrichtige Menschen, die aussprechen, was sie denken, die sagen, was sie fühlen. Menschen, die den Frieden erstreben und das Gute und sich oft sogar bemüht haben, ihren Gegnern Gutes zu tun.

Die Zukunft hält für uns alle schwere Prüfungen bereit. Einige bestehen wir bereits heute. Das zeigt sich in den Manifestationen wunderbarer, kreativer Staatsbürgerschaft. In der mitreißenden Solidarität. In der massiven zivilen Mobilmachung, mit der die Bevölkerung zu reparieren versucht, was die Regierung zerbrochen hat. Trotz allem, was geschehen ist, steigt in uns die Ahnung auf, es könnte nun möglich sein, zum zweiten Mal einen neuen Staat aufzubauen – gemeinsam mit euch, den Bewohnern der Städte und Gemeinden, der Kibbuzim und Moschawim. Mit euch, eurer Kraft, eurem Mut könnte uns ein ganz neuer Anfang gelingen.

Aus dem Hebräischen von Helene Seidler

DAS DENKENDE HERZ

Rede zur Verleihung des Erasmuspreises
am 29.11.2022 in Amsterdam

Vor einundsechzig Jahren, da war ich acht, hatte ich eine kleine Offenbarung. Das geschah im 18er Bus in Jerusalem, morgens früh auf dem Weg in die Schule. Im Bus lief das Radio, man sendete ein Interview mit dem Pianisten Arthur Rubinstein.

Der Reporter fragte: »Herr Rubinstein, können Sie an diesem freudigen Tag, an dem Sie Ihren fünfundsiebzigsten Geburtstag feiern, Ihr Leben in einem Satz zusammenfassen?« Und Rubinstein zögerte nicht. Er sagte: »Die Kunst hat mich zu einem glücklichen Menschen gemacht. Dank der Kunst konnte ich Glück erfahren.«

Ich erinnere mich, ich war erstaunt und sogar etwas unangenehm berührt: In meiner Kindheit in den Fünfzigerjahren, als der Schatten der Vergangenheit noch schwer über uns hing, ziemte es sich nicht, das Wort ›Glück‹ in der Öffentlichkeit auszusprechen. Ich glaube, im Freundeskreis meiner Eltern kannte ich keinen einzigen Menschen, der es gewagt hätte laut zu sagen, er oder sie sei glücklich.

Einige Jahre später las ich die Unabhängigkeitserklärung der Vereinigten Staaten Amerikas. Dort, im zweiten Zusatzartikel zur Verfassung, las ich vom Recht auf »the pursuit of happiness«. Nicht ohne Neid dachte ich damals über die gewagte Freiheit nach, die sich die Amerikaner da herausgenommen hatten, über das Recht, nach Glück zu streben. Ich erinnerte mich an die Fahrgäste in dem Bus meiner Kindheit. Leute aus meinem Viertel, einem Arbeiterviertel, Leute, die mit Mühe ihr tägliches Brot verdienten, deren schwere und manchmal tragische Lebensgeschichten tief in ihre Gesichter eingegraben waren.

Dieses unglaubliche Wort »Glück« rollte wie eine goldene Münze durch den Bus, und ich schaute mit den Augen des kleinen Jungen auf diese imaginierte Münze und wusste: Das möchte ich haben, das, wovon der Herr Rubinstein redet. Ich möchte dieses besondere Glück erfahren. Ich möchte Künstler sein.

Über sechzig Jahre sind seitdem vergangen. Die Kunst, das Schreiben, hat mir großes Glück gebracht, unter anderem das Glück, heute hier mit Ihnen zusammen zu sein. Und auch wenn mir das Schreiben Leid und Schmerz bereitete, war es doch ein Leid, das Bedeutung hatte, ein Schmerz, der entsteht, wenn ich die echten, die primären und für mich relevanten Stoffe des Lebens berühre. Die Literatur, das Schreiben lehrten mich das Vergnügen, etwas Zartes, Präzises zu schaffen in einer groben, düsteren Welt.

Ich bin ein durch und durch säkularer Mensch. Ich kann an keinen Gott glauben, der mir helfen könnte, mich dem Chaos der Existenz entgegenzustellen. Und siehe da, das Schreiben hat mir den Weg gezeigt, einerseits das entsetzliche Gefühl des Nichts, das Versinken in Verlust und völliger Lebensverneinung zu erleben, aber gleichzeitig ein starkes Gefühl der Vitalität, der Fülle und der Bejahung des Lebens.

Auch nach dem Unglück, das meiner Familie widerfuhr, als wir unseren Sohn Uri im Krieg verloren, lernte ich: Was mir erlaubt, diesen Dualismus auszuhalten, den Dualismus von Nichtsein und Sein, der für mich die Essenz des menschlichen Daseins ausmacht, ist der Versuch, soweit irgend möglich in der Dimension des Schöpferischen aufzugehen.

Und ich habe gelernt, welches Glücksgefühl entsteht, wenn ich einer Person, über die ich, bis ich anfing über sie zu schreiben, in Verallgemeinerungen, Vorurteilen und Klischees, eben stereotyp gedacht habe, plötzlich beim Schreiben begegne, und dann einen Menschen in seiner ganzen Fülle entdecke, in all seinen Dimensionen und Widersprüchen, in seiner Vitalität und Einzigartigkeit.

Und der Ort in mir, an dem ich diesen Menschen, reduziert, in einem Käfig von Stereotypen und Klischees gefangen hatte, öffnet sich plötzlich, wird in mir weit und wieder lebendig.

Meine Damen und Herren, liebe Freunde, das Thema des diesjährigen Erasmuspreises ist *Tikkun Olam*, wörtlich die »Reparatur der Welt«, ein über 2000 Jahre alter jüdischer Begriff. Ich weiß nicht, ob Erasmus von Rotterdam diesen Begriff kannte, aber zweifellos hat er seine Lebensweise und Denkungsart an ihm ausgerichtet und sich an ihm orientiert. Dieser Begriff, *Tikkun Olam*, beschreibt einen wesentlichen Charakterzug der jüdischen Identität: das Streben und die Verpflichtung, unsere Welt besser zu machen; ein Gefühl der Verantwortung gegenüber jedem Menschen, sei er nun Jude oder nicht, und Sorge für soziale Gerechtigkeit und für die Umwelt.

Ich wäre glücklich, wenn ich sagen könnte, dass die letzten Wahlergebnisse in Israel diese Hinwendung zu Humanismus, Gleichberechtigung und moralischem Handeln widerspiegeln. Sie tun es nicht. Und dennoch erinnere ich mich immer wieder daran, dass es in Israel noch immer viele Leute gibt, für die Aufgeben keine Option ist. Für die Apathie oder Eskapismus ein Luxus sind, den sie sich nicht erlauben können und wollen.

Das Leben im Nahen Osten hat auch mich gelehrt, in Bezug auf meine Wünsche schon mit wenigem vorliebzunehmen. Sie kennen vielleicht die Anekdote über den Amerikaner, der während des Vietnamkriegs jeden Freitag für mehrere Stunden mit einem Protestschild vor dem Weißen Haus stand. Eines Tages ging ein Reporter zu ihm und fragte ihn mit einem spöttischen Lächeln: »Glauben Sie wirklich, dass Sie die Welt verändern, indem Sie hier so stehen?« »Die Welt verändern?«, staunte der Mann, »ich habe nicht die Absicht, die Welt zu verändern. Ich sorge nur dafür, dass sie nicht mich verändert.«

Als einer, der sein Leben lang in einem Katastrophengebiet lebt, weiß ich, wie leicht es ist, »der Welt« nachzugeben, sich Zynismus, Apathie und Resignation zu beugen, und von dort ist es ein kurzer Weg zu religiösem Fanatismus, Nationalismus und Faschismus.

Wenn ich eine wirklich freie Seele suche, die mir ein Vorbild im Kampf gegen die Verzweiflung sein kann, denke ich an eine mutige jüdische Holländerin, die während des Zweiten Weltkriegs hier in Amsterdam lebte, ich denke an Etty Hillesum mit ihrer ungeschützten Seele, die bereit war, ins Konzentrationslager Ravensbrück zu gehen, und schließlich in Auschwitz ermordet wurde.

Etty Hillesum gelang es, auch unter der härtesten Versklavung ein freier Mensch zu bleiben, und ihr ganzes Wesen war eine Bewegung der Seele gegen die niederdrückende Schwerkraft der Verzweiflung.

»Wenn ich nachts auf meiner Pritsche lag, mitten zwischen leise schnarchenden, laut träumenden, still vor sich hin weinenden und sich wälzenden Frauen und Mädchen, die tagsüber oft sagten: ›Wir wollen nicht denken‹, ›wir wollen nichts fühlen, sonst werden wir verrückt‹, dann war ich oft unendlich bewegt, ich lag wach und ließ die Ereignisse, die viel zu vielen Eindrücke eines viel zu langen Tages im Geist an mir vorbeiziehen und dachte: Laß mich dann das denkende Herz dieser Baracke sein. (…) Ich möchte das denkende Herz eines ganzen Konzentrationslagers sein.«

Wir alle, die wir hier im Saal versammelt sind, leben in diesem Moment unter sehr viel besseren Bedingungen als Etty Hillesum, während sie diese Zeilen schrieb. Und dennoch wissen wir, dass wir jeden Moment in eine Situation geraten können, in der wir unsere Freiheit verlieren und uns umzingelt finden von Willkür und Tyrannei, von den Übeln des Rassismus, Nationalismus und Fanatismus oder einer Barbarei, von der Art, wie sie Russland gerade an der Ukraine verübt – jener Aggression, die in diesen Tagen die Sicherheit der ganzen Welt bedroht.

Sollte ein solcher oder ein ähnlicher Moment irgendwann kommen, unter Umständen, die man sich heute nur schwer vorstellen kann, wird unsre ganze Welt zusammenstürzen, so wie es heute Millionen von ukrainischen Staatsbürgern nicht weit von hier erleben. – Werden wir uns dann erinnern, werden wir die Kraft haben, an dieser heroischen persönlichen Revolte festzuhalten und nicht aufzuhören, das Herz zu sein, das fühlende Herz, aufgerissen, ungeschützt, und auch nicht aufhören zu denken?

Das denkende Herz sein. Immer und immer wieder das denkende Herz.

Aus dem Hebräischen von Anne Birkenhauer

TEXTNACHWEISE

Aus der Rede anlässlich der Münchner Sicherheitskonferenz am 16.02.2017
Vollständig abgedruckt in: David Grossman, *Eine Taube erschießen. Reden und Essays*, Carl Hanser Verlag GmbH, München 2018.

Trotz allem
Rede anlässlich der Demonstration auf dem Habima-Platz am 22.05.2021 in Tel Aviv
Abgedruckt in: Libération, 23.05.2023.

Die Lage – nach der Ankündigung der Justizreform in Israel. Eine Momentaufnahme am 20.03.2023
Abgedruckt in: Haaretz, 20.03.2023.

Besatzungsregime und Demokratie. Was ist ein jüdischer Staat?
Abgedruckt in: Frankfurter Allgemeine Zeitung, 03.06.2023.

Schwarzer Schabbat. Nach dem 7. Oktober 2023
Abgedruckt in: Frankfurter Allgemeine Zeitung, 13.10.2023.

Unser Mut zu einem ganz neuen Anfang
Trauerrede für die Terroropfer am 16.11.2023 in Tel Aviv
Abgedruckt in: Frankfurter Allgemeine Zeitung, 17.11.2023.

Das denkende Herz
Rede zur Verleihung des Erasmuspreises am 29.11.2022 in Amsterdam

David Grossman wurde 1954 in Jerusalem geboren und gehört zu den bedeutendsten Schriftstellern der israelischen Gegenwartsliteratur. 2008 erhielt er den Geschwister-Scholl-Preis, 2010 den Friedenspreis des Deutschen Buchhandels, 2017 den internationalen Man-Booker-Preis für seinen Roman *Kommt ein Pferd in die Bar*. 2021 wurde ihm das Bundesverdienstkreuz des Verdienstordens der Bundesrepublik Deutschland verliehen. Bei Hanser erschienen unter anderem *Diesen Krieg kann keiner gewinnen* (2003), *Die Kraft zur Korrektur* (2008), *Eine Frau flieht vor einer Nachricht* (Roman, 2009), *Aus der Zeit fallen* (2013), *Kommt ein Pferd in die Bar* (Roman, 2016), *Eine Taube erschießen* (Reden und Essays, 2018) und *Was Nina wusste* (Roman, 2020).

Anne Birkenhauer, 1961 geboren, studierte Germanistik und Judaistik in Berlin und Jerusalem und lebt seit 1989 in Israel. Sie arbeitete als wissenschaftliche Assistentin und übersetzte u. a. Aharon Appelfeld, Chaim Be'er, Daniella Carmi, Dan Pagis, Yaakov Shabtai und Zeruya Shalev. Ihre Arbeit wurde vielfach ausgezeichnet, zuletzt mit dem Paul-Celan-Preis, dem Deutsch-Israelischen Übersetzerpreis und dem Verdienstorden der Bundesrepublik Deutschland.

Helene Seidler studierte Neuere Deutsche Literaturwissenschaft in Hamburg und Judaistik an der Hebräischen Universität in Jerusalem, wo sie seit Langem lebt und sich als Übersetzerin hebräischer Texte (Belletristik, Sachbuch, wissenschaftliche Artikel) einen Namen gemacht hat.